# DE LA SOUVERAINETÉ ABSOLUE

## DU PEUPLE

ET

# DES RÉFORMES SOCIALES

A MESSIEURS LES MEMBRES DÉMOCRATES

DE

## L'ASSEMBLÉE NATIONALE

Par **HENRI NABOS**

Décoré de Juillet, Membre du Conseil Général du Gers

ET MAIRE DE LA VILLE DE MARCIAC

Destitué deux fois en deux ans

AUCH

Imprimerie Typographique de J. Loubet

Place des Cordeliers, 2

1851

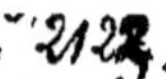

A MESSIEURS

# LES MEMBRES DÉMOCRATES

DE

## L'ASSEMBLÉE NATIONALE

# DE LA SOUVERAINETÉ ABSOLUE

## DU PEUPLE

ET

# DES RÉFORMES SOCIALES

---

## A MESSIEURS LES MEMBRES DÉMOCRATES

DE

## L'ASSEMBLÉE NATIONALE

---

Par **HENRI NABOS**

Décoré de Juillet, Membre du Conseil Général du Gers

**ET MAIRE DE LA VILLE DE MARCIAC**

destitué deux fois en deux ans



**AUCH**

Imprimerie Typographique de J. Coubet

Place des Cordeliers, 2

1851

# DE LA SOUVERAINETÉ ABSOLUE

## DU PEUPLE

## ET DES RÉFORMES SOCIALES

A MESSIEURS LES MEMBRES DÉMOCRATES

DE

## L'ASSEMBLÉE NATIONALE

Citoyens,

La Constitution pouvant être un jour légalement révisée, ainsi qu'elle le permet elle-même, et d'après des règles qu'elle prescrit... aujourd'hui surtout qu'elle est en présence des partis divers qui voudraient l'anéantir et reconstituer un passé impossible... aujourd'hui que ces partis demandent hardiment, à la tribune, en face de la République et de la Constitution, les uns, la révision totale, — les autres, la révision partielle... enfin, d'autres la prolongation des pouvoirs, — tout cela illégalement, avec le suffrage restreint, en violant la Constitution, au dépend même d'une révolution...

Eh bien ! en présence de cela, Citoyens, je crois qu'il est de la plus haute importance que la Démocratie tout entière s'entende bien sur les principes sociaux, afin que, le jour venu, chacun sache, et soit bien fixé sur l'usage qu'il doit faire de son vote... Pour cela, j'ai pensé qu'il était important de les poser ici et d'en tirer toutes les conséquences logiques... je vais donc dire et je vais démontrer ce que sera la République sociale future, et cela lorsqu'elle sera bien connue et adoptée, afin de pouvoir hardiment accepter la révision légale, ce qui serait le plus heureux évènement qui puisse arriver à la Démocratie, à la République !... car, par la révision, il arriverait ceci :

Les démocrates sont partout en très grande majo-
rité; dans le Gers, par exemple, les cinq sixièmes,
je puis l'affirmer. Aveugle qui ne voit pas cela ; aveugle qui nie la lumière du soleil! Eh bien! il arrivera
donc que la Démocratie, qui est en très grande majo-
rité dans la nation, n'enverra pour réviser la Constitution que des hommes très sûrs, très fixés sur les
principes et très décidés à les voter. Dès lors, il en
résultera forcément ceci : c'est que, dans la nouvelle
Constitution, la présidence sera abolie ; de sorte qu'en
1852, il n'y aura pas de Président à élire, mais seulement une Assemblée Nationale ! Voyez l'immense
avantage de cela ! Voyez les grands malheurs que
l'on peut éviter !.. plus de guerres civiles, car vous
savez à quoi on attribue les journées de juin ! plus de
conspiration d'un certain parti qui veut, à tout prix,
réélire le Président, malgré la Constitution, et qui,
alors, n'aura plus de prétextes ; plus d'excitations et
de troubles inévitables avec les ambitions effrénées
de quatre ou cinq prétendants !... Avec leur ambition
disparaît tout danger, l'ordre renaît, le calme, la
loi ... la nation est sauvée !...


Acceptons donc la révision légale avec le suffrage

universel; les légitimistes la demandent; s'ils sont de bonne foi, s'ils la veulent franchement avec le suffrage universel, qu'ils demandent ou ne demandent pas la royauté au Peuple, qu'importe; ils auront en face la Démocratie! la France entière!!!

Les journaux et la tribune ont repoussé cette idée... Je crois que c'est un tort. Lorsque les principes sociaux seront posés par eux! et je vais j'espère leur en donner le moyen; lorsque la Démocratie, ces principes portant cette source, les aura compris... eh bien! on pourra hardiment accepter la lutte...

Pour arriver à cela, voici comment je crois qu'il faut poser le principe, et en tirer toutes les conséquences logiques :

Le Peuple est-il de droit souverain ?

Oui!... il est de droit souverain!!! Il l'est en vertu d'une loi naturelle, comme toutes les grandes lois qui régissent l'univers, les hommes étant nés frères, égaux et libres!!.. Cette souveraineté est absolue et directe!! elle est inaliénable, imprescriptible, inviolable!! elle prend son droit et sa source dans l'égalité de la création.... C'est le seul principe souverain. Rien ne prévaut contre ce droit!! Toutes les autres formes de gouvernement royales, comme celle de M. de Chambord, par exemple, ne sont que des gouvernements bâtards sans principes... Je démontrerai cela tout-à-l'heure.

Le Peuple est donc de droit souverain; cette souveraineté est directe et absolue!! Elle ne délègue son autorité, sa souveraineté à personne; elle l'exerce toujours directement par le suffrage universel!.. Mais, jamais le suffrage universel ne peut rien changer au principe!! il n'en est que l'expression!! Toutes les volontés réunies ne pourraient rien changer à cette grande loi naturelle qui existe toujours indépendamment de toutes les volontés réunies!!

La République n'est donc que la mise en œuvre de ce principe... et c'est ce qu'on n'a pas compris jusqu'à ce jour, et, comme je viens de le dire, beaucoup d'hommes, même des écrivains remarquables, ont pris la République et le suffrage universel pour le principe... Il est important de détruire cette erreur... La République, c'est la souveraineté absolue du Peuple en action... ce n'est pas le principe, c'est la conséquence.

Maintenant, il faut expliquer comment la souveraineté absolue et directe du Peuple va se manifester, — comment cette puissante idée s'organisera et marchera.

Le citoyen Ledru-Rollin a bien nettement posé le principe de la souveraineté absolue et directe du Peuple, mais il n'a pas bien dit, d'une manière sûre, comment cette souveraineté directe peut être mise en œuvre. — Il y a beaucoup de vague dans ce qu'il dit.... j'appelle là-dessus toute son attention. Il a dit, par exemple : que des hommes, que le Peuple aura désignés, présenteront des lois au Peuple qui les discutera et les votera.. Il y a là, ce me semble, deux impossibilités : d'abord, il y a une délégation, et fort restreinte, l'idée de quelques hommes. — Il faut, au contraire, qu'une délégation, s'il y en a, soit très étendue ; — puis, le Peuple peut-il discuter ces lois de la sorte ?.. Les Grecs et les Romains avaient des ilotes et des esclaves qui labouraient leurs champs et fabriquaient tous les objets de luxe... Ils pouvaient donc se livrer à cette vie publique agitée du forum... qui, quelquefois, menait à l'ostracisme.

Cela est donc impossible chez nous, aujourd'hui, avec notre organisation sociale ; car ce serait mettre les partis en présence... et ils ne manqueraient pas de semer du trouble, afin de tuer la République qui est un obstacle à leur ambition.

Que faut-il donc faire pour arriver à la manifestation directe de la souveraineté du Peuple ?..

J'ai dit que, s'il fallait une délégation, elle devait, comme garantie, être extrêmement étendue... Eh bien ! il en a une forcée, commandée, impérieuse que rien ne peut empêcher !!..

Voici comment cette délégation sera faite et quelle sera sa mission :

Le Peuple, par le suffrage universel, expression de son droit et de sa volonté, nomme, élit une Assemblée Nationale, qui ne sera là que pour recevoir l'expression directe de sa volonté et la formuler en lois. Cette Assemblée sera très nombreuse : 800 membres élus... Ces huit cents membres élus seront divisés en 40 Commissions de vingt membres chacune... Ces Commissions seront une partie élues, et l'autre formées selon le désir de chacun.

Les Commissions élues sont :

1° — La Commission des Finances;

2° — La Commission de l'Intérieur;

3° — La Commission de la Guerre;

4° — La Commission de la Police;

5° — La Commission du Commerce;

6° — La Commission de l'Agriculture;

7° — La Commission des Beaux-Arts;

8° — La Commission des Travaux publics;

9° — La Commission des Relations extérieures;

10° — La Commission de la Marine;

11° — La Commission des Propositions;

12° — La Commission des Pétitions;

13° — La Commission du Travail;

14° — La Commission du Crédit public;

15° — La Commission des Fonctions publiques;

16° — La Commission spéciale des Propositions du Peuple !...

Ces seize Commissions auront chacune un ministre correspondant, élu par le suffrage universel.— Ils seront uniquement chargés de faire exécuter, par les fonctionnaires sous leurs ordres, leurs lois concernant leurs départements administratifs.

On voit de prime-abord la grande importance de ces Commissions spéciales... Vingt hommes spéciaux, choisis par l'élection générale... vingt hommes spéciaux qui ne s'occuperont que des lois de leur ressort... et jamais d'autres... On voit le grand avantage de cela... Ils étudient les propositions qui leur sont adressées par la Commission spéciale des propositions du Peuple, qui les a elle-même reçues des autres Commissions où elles ont subi un premier examen; alors, ils les convertiront en lois... Ces lois, formulées, seront soumises aux délibérations de l'Assemblée Nationale... discutées... adoptées ou rejetées... Dans l'un et dans l'autre cas, l'envoi au vote direct du Peuple sera fait... et le Peuple, à son tour, adoptera ou rejettera ces lois, d'une manière définitive. Je dirai tout-à-l'heure comment cela se fera et sera possible.... Mais on doit remarquer, dès à présent, la grande garantie que le Peuple aura d'avoir de bonnes lois, conformes aux principes.. ayant été étudiées par des hommes spéciaux, élus... et puis, discutées par l'imposante Assemblée de huit cents membres, qui, alors, n'auront d'autres intérêts que ceux de la nation... — tous les privilèges étant abolis, et les prétendants aussi... tout sera élu et et sorti du Peuple.

Voici, maintenant, comment le Peuple vote directement ses lois :

Le Peuple, dans toutes les communes de France,

se réunira le dimanche, de droit, seulement, pour s'occuper des affaires de la commune, d'abord, — discuter le budget, les mesures importantes, présentées par le maire ou par d'autres citoyens... puis, les lois qui auront été étudiées et formulées par une Commission et discutées et votées par l'Assemblée, seront soumises à l'approbation du Peuple. Or, comme ces lois viendront de lui directement, il est presque certain que la sanction sera donnée, et alors, on le voit, une loi acceptée par le Peuple entier aura une grande autorité et ne sera jamais violée.

Voilà donc la souveraineté absolue et directe mise en œuvre, — sans troubles, sans fracas, paisiblement... — avec l'intérêt d'une aussi haute mission... dans peu de temps, le Peuple étant généralement plus instruit par les institutions sociales, l'instruction étant gratuite et obligatoire, sera plus capable de bien comprendre et de bien voter... Alors aussi, la fortune publique tout entière devant contribuer également aux charges de l'Etat, comme je l'ai démontré et proposé à l'Assemblée, par mon IMPOT UNIQUE ET PROPORTIONNEL SUR LE REVENU... Avec cet impôt, tout en diminuant de près de moitié les charges qui pèsent si lourdement sur l'agriculture, — et en abolissant complètement tous les impôts qui pèsent sur les aliments du Peuple, nous aurons un budget de plus de trois milliards... juste le double de notre budget actuel... plus de la moitié de la fortune publique ne contribuant pas aujourd'hui aux charges de l'Etat.

Et maintenant, il faut bien que je dise aussi comment le Peuple exercera directement tous ses droits... car tout, dans la République, doit se mouvoir à son gré et selon ses intérêts. Ainsi donc, toutes les fonctions, sans en excepter une seule, doivent être données par lui; je vais dire comment... et je mets au premier rang les élections administratives de préfet, — de maire cantonnal et de maire des communes, — des conseillers généraux et conseillers de préfecture.

Les Préfets seront élus par le suffrage universel du département. Le maire cantonnal, qui remplacera le sous-préfet qui n'existera plus, sera élu par le canton. Le maire de chaque commune sera directement élu par le suffrage universel de la commune... Le conseiller général élu aussi par le canton, et le conseil de préfecture par le chef-lieu de département.

Voilà pour l'élection de l'administration départe-
mentale.

Voyons maintenant comment toutes fonctions seront données : l'Armée... la Justice... le Clergé...
tout enfin.

Dans tous les Etats, la justice est la plus importan-
te fonction, la plus utile, la plus grande, la plus éle-
vée, la plus modeste.— En France, on le reconnaît
partout, le juge est intègre et probe. Ces fonctions,
à raison de cela, doivent être entourées d'une grande
considération. Aussi, comme l'élection doit pénétrer
partout, il faut entourer la nomination des juges des
plus grandes garanties d'un bon choix.

Voici comment on y procèdera :

Dans chaque département, il y aura un conseil
qui, aux fonctions actuelles de Conseil général, ajou-
tera celles d'examiner les candidats judiciaires ; et,
afin de lui donner plus de poids, plus d'autorité, plus
de moyens d'un bon examen, le conseil aura à côté
de lui, pour en faire partie, quatre jurisconsultes, pris

parmi les vieux magistrats ayant exercé au moins pendant dix ans les fonctions de juges... Ces fonctions équivaudront à celles de conseillers de Cour d'appel.

Ainsi donc, le conseil ainsi organisé et le concours ouvert, les candidats qui se présenteront devant lui pour remplir les fonctions de juges, de procureurs de la République ou de substituts, devront faire preuve de capacité, de savoir des choses judiciaires ; pour chaque place vacante à remplir, le conseil choisira trois candidats parmi les plus capables, qui seront soumis à l'élection du Peuple par le suffrage universel : du département, s'il s'agit d'un juge du chef-lieu; de l'arrondissement, s'il s'agit d'un juge de première instance, et du canton, s'il s'agit d'un juge de paix. — L'élection aura toujours lieu à la commune.

Quant à l'élection des conseillers de Cour d'appel, des présidents, des procureurs-généraux, des avocats généraux et substituts, le concours aura lieu à la résidence de la Cour. — Le Conseil du département, afin de donner à son choix un aussi grand poids, une grande autorité, les fonctionnaires à examiner et à élire étant d'un grade fort élevé, le Conseil, dis-je, aura à côté delui, avec voix délibérative, autant de membres de la Cour d'appel que de membres du Conseil. — Le Préfet préside.

Ce Conseil, ainsi composé, examinera le mérite et les titres des candidats, qui ne pourront être que des présidents, vice-présidents ou procureurs de la République, des départements ou des arrondissements du ressort de la Cour d'appel... Alors, trois candidats seront choisis et soumis à l'élection de toutes les communes du ressort. Voilà comment il sera procédé pour l'élection de la magistrature.

Quant à la Cour de cassation, voici comment elle sera constituée :

Les premiers présidents de la Cour d'appel et les procureurs-généraux ayant été élus par le suffrage universel, seront seuls appelés à en faire partie. — Et comme les fonctions de conseiller à la Cour de cassation ne seront pas pour eux- une élévation en grade, le premier président d'une Cour d'appel étant le magistrat le plus élevé dans la hiérarchie de la ma-

gistrature, il n'y aura plus pour eux de vote universel; — ils seront élus par l'Assemblée Nationale qui
choisira parmi les candidats, et ce sera une grande
garantie pour la République: 800 membres de l'Assemblée Nationale les nommeront.

Voilà comment la Cour de cassation sera organisée.

Maintenant, sous la nouvelle forme démocratique
de la République, la magistrature ne sera pas inamovible; on comprend que, sous un gouvernement
monarchique, où tout se donne à la faveur, c'était
une grande garantie, une bonne mesure dans l'intérêt de l'indépendance du magistrat! Mais, sous une
République démocratique, sous un gouvernement
équitable et juste, lorsqu'un magistrat a noblement
conquis les hautes fonctions dont il est investi par
la confiance de ses concitoyens, l'inamovibilité n'a
plus de portée, n'a plus de sens utile, il doit rentrer
dans le droit commun. — Les juges seront donc révocables, comme tous les autres fonctionnaires, mais
d'après certaines formes.

Voilà comment sera organisée la magistrature, et,

on le voit elle gagnera immensément à cela en considération et en autorité!

Il me reste maintenant à parler de l'armée, de ces
dignes enfants du Peuple, de ces nobles cœurs, de
ces grands courages qui meurent sans éclat! Je voudrais que la Patrie fût toujours reconnaissante envers
eux, généreuse même!.. Mais je suis rassuré; sous
une vraie République démocratique on peut tout espérer, elle seule sait dignement récompenser ses
enfants; elle encourage tout ce qui est grand, utile
et beau!

Voyons donc, maintenant, si l'armée peut aussi être
soumise au suffrage universel. Je le crois. Mais le
suffrage universel, comme toutes choses, comporte
des exceptions et c'est ici le cas. Je crois qu'il est
bon, qu'il est prudent de ne donner à l'élection que
les deux tiers des grades du régiment, et le dernier
tiers sera réservé à l'ancienneté et au mérite. Il faut
bien que le service modeste, qui ne sait ou ne veut
pas se faire valoir, soit aussi récompensé. — Les ac-
tions d'éclat, de mérite, de bravoure seront toujours
récompensées aussi, sans élection, par le ministre de

la guerre, sur la proposition du conseil du régiment.
Ce conseil sera composé de neuf membres : du colo-
nel, président; d'un commandant, d'un capitaine,
d'un lieutenant, d'un sous-lieutenant, d'un sergent-
major, d'un sergent, d'un caporal et d'un soldat. —
Ils seront élus par le suffrage universel du régiment,
et pour trois ans seulement.

Maintenant, cela établi pour l'élection de chaque
grade, les candidats seront toujours d'un grade inférieur. Je crois qu'il importe qu'il en soit ainsi pour
maintenir une bonne organisation et assurer à la Patrie la certitude qu'elle aura à la tête de l'armée des
hommes capables et expérimentés. Ainsi donc, les
sergents seront pris parmi les candidats caporaux;
— les capitaines parmi les lieutenants; — le co-
lonel est aussi élu par le régiment, et pris parmi les
commandants. — Quant aux généraux, ils seront
nommés par l'Assemblée Nationale, sur la proposition du ministre de la guerre. — La raison de cela
se comprend.

Ainsi donc, chacun voit tout de suite combien l'armée, ainsi organisée, serait puissante et forte. — On

voit sa supériorité sur l'organisation vicieuse actuel-
le, avec son corps hétérogène d'officiers.... tout ici
serait harmonie; chaque capacité trouverait sa place.
Nul ne serait exclu. Le chef, même, pèserait moins
sur le soldat dont il serait l'élu, et, cependant, la dis-
cipline n'en serait que plus énergique ; car celui qui
la ferait exécuter n'étant pas un officier de faveur,
mais un camarade élu, que son mérite a élevé, chaque soldat s'empresserait d'obéir, sans que cela lui
coûtât le moins du monde.

Et maintenant, avec une pareille armée, avec une
aussi puissante organisation, que les rois de l'Europe
se coalisent contre nous, comme MM. de Falloux,
Montalembert, et autres nous menacent... lorsque
nous n'aurons plus de traîtres et des lâches autour du
pouvoir, et que la vraie République sera proclamée!
Eh bien !... qu'ils viennent.. nous les attendons!...
et nous leur ferons la politesse de les reconduire
chez eux!... Nous y planterons notre drapeau... et
nous porterons, comme présent, à leurs peuples, et
nos idées et notre organisation sociale.

Maintenant, il faut bien que je parle du clergé.

Quelques hommes qui s'occupent de réformes sociales ont pensé que le clergé devait suivre la loi commune, et se modifier comme la société. — Ils ont pensé que le clergé moderne n'était plus dans l'esprit de l'Evangile et des règles de Notre Seigneur Jésus-Christ. Ils ont pensé qu'il en était sorti en faisant cause commune et en se liguant avec les rois, les riches et les puissants, contre le Peuple qu'on asservit et qu'on opprime. Tandis que notre adorable Maître, humble, chétif, pauvre, humilié, se liguait avec les hommes comme lui, contre les rois, les riches, les usuriers, et tous ceux qui persécutaient ses disciples.

Aussi, qu'arriva-t-il? C'est que lui, pauvre ouvrier charpentier, pour avoir voulu dire la vérité aux riches, aux usuriers, aux puissants du jour, il fut traîné devant des juges, battu de verges et mis à mort... Cela se pratique de nos jours de la même manière: l'homme de cœur, qui prêche les doctrines du Christ, le socialisme, est aussi persécuté, déporté, mis à mort.... Les hommes corrompus ont toujours été les plus forts.

Voilà pourquoi ces réformateurs ont pensé que le

clergé n'était plus dans l'esprit de l'Evangile, qui prescrit la fraternité, la liberté, l'égalité.... Voilà pourquoi ils ont pensé que les ministres du Christ, supplicié par les rois, les riches et les usuriers, devaient repousser tout gouvernement exploité par ces hommes, et ne reconnaître pour légitime que le gouvernement de tous.

Quant à moi, que l'on a tant calomnié près du clergé, voici quelle est ma pensée : Je crois que le dogme démocratique de notre époque est en même temps politique et religieux, c'est-à-dire embrassant ces deux aspects de la vie de l'homme et du citoyen, dans une même formule sociale :

L'Evangile et la Souveraineté absolue du Peuple!

Voilà quelle est ma pensée...

Maintenant, je crois qu'il faut laisser au clergé l'initiative de ses réformes... Je crois qu'elles doivent venir de sa volonté. Cependant, si, au contact d'une civilisation nouvelle, il croit devoir se réformer et introduire l'élection et le suffrage universel chez lui, eh bien ! il fera une bonne chose, qui sera approuvée ; une chose d'ailleurs qui se pratiquait dans les premiers temps de la chrétienté! Il sera alors revenu aux vrais principes, car la primitive Eglise puisa son autorité et sa confiance dans l'élection démocratique.

Nous trouvons ailleurs que les presbytériens d'Ecosse, qui sont très religieux, élisent leurs pasteurs.. ; les sectes américaines choisissent leurs ministres, les nomment à la pluralité des voix; et, pour eux, la religion n'est pas morte!

Du reste, le culte peut se modifier, le dogme s'étendre ou s'altérer; mais, pour cela, la religion ne périt pas au cœur de l'homme, rien ne peut l'en arracher.

Cependant, quelle liberté que je veuille laisser au clergé quant aux réformes, comme l'esprit des évêques restera longtemps ce qu'il est, hostile aux réformes sociales et à la République, il serait prudent, je crois, dès aujourd'hui, dès le jour où le gouvernement sera organisé sur les bases que j'indique, de prendre des mesures protectrices pour la partie du

clergé qui adopterait les idées républicaines, afin de
la mettre à l'abri de l'esprit d'opposition des évêques,
et afin de la soustraire à leur vengeance, à la tyrannie qui se manifeste journellement à ce propos; car, le
clergé inférieur est soumis, sans défense et sans appel, à la juridiction de l'évêque. Je vais donc en in-
diquer le moyen.

Bonaparte, qui était un homme habile, un fin politique, se trompait cependant quelquefois... cela lui
arrivait, surtout, lorsqu'il avait en tête le clergé... le
clergé avec lequel il employait, dans ses rapports,
les règles des relations ordinaires... Il ne s'aperçut
de cette faute qu'à Ste-Hélène. — Il disait un jour à
un de ses généraux..: les affaires du clergé doivent
être traitées d'après des règles particulières... il faut
avoir dix assurances pour être sûr d'en posséder
une... il disait cela à propos du Concordat; du Concordat, dans lequel il fit une faute énorme qu'il dé-
plorait alors. Faute énorme, qu'il ne pouvait plus
réparer à Ste-Hélène, mais qui cependant peut encore se réparer en partie aujourd'hui! Dans l'intérêt
du bas clergé, je vais dire comment cela se peut.

Mais, avant tout, afin d'être bien compris, il faut

que je dise comment cette faute énorme a été com-
mise par Napoléon. Ainsi donc, lorsqu'il traitait avec
le digne et noble Pie VII, ou plutôt avec les cardinaux
délégués, il songea, et c'était le but qu'il se proposait
dans ce traité, il songea, dis-je, à organiser militai-
rement le clergé. — Malheureusement il réussit...;
il le fit malgré les justes réclamations des intéressés...
Il enleva au clergé inférieur toutes ses immunités,
tous ses droits anciens ; il le dépouilla et le soumit
pieds et poings liés à l'évêque, comme le soldat au
général, et pire encore... Il espérait, de la sorte, en
dominant les évêques, en les tenant dans sa main,
disposer souverainement du bas clergé qu'il ferait
mouvoir à son gré et selon les besoins politiques,
comme un puissant auxiliaire... Il se trompa !... Au
lieu de créer une force pour lui, un appui, il créa
une puissance indépendante, fort redoutable pour
tout gouvernement. Car, voici ce qui est arrivé : Les
évêques ayant un intérêt commun à défendre, se
sont ligués et forment aujourd'hui un gouvernement
dans le gouvernement, une puissance dans l'Etat.

Voilà la première faute...

Voici la seconde :

Aux termes du Concordat, tout curé est inamovible. — Cela est posé en principe. — Dès lors, Bonaparte, poursuivant son idée d'organisation militaire, afin d'avoir une grande puissance sur le bas clergé, comme je l'ai dit, par les évêques qu'il espérait dominer, ne créa des cures et des curés inamovibles que dans les chefs-lieux de canton ; il s'était cependant réservé d'en créer autant qu'il le voudrait et à son gré. — Mais cela n'entrait pas dans ses vues... ainsi donc, pour les autres communes, il n'en fit pas des cures, il ne créa pas des curés inamovibles, il fit des paroisses et des desservants, dépendants et révocables à volonté, afin de les mieux dominer.

Il commit une faute et une injustice énorme envers des hommes utiles qu'il aurait pu bien mieux diriger s'il les avait autrement organisés, et qu'il se les fût attachés par la reconnaissance ; il aurait réussi, s'il les avait moins rendus dépendants des évêques, en faveur de qui cette puissance tourne aujourd'hui ; voilà la seconde faute.

Voici le moyen de les réparer... voici, surtout, le

moyen de paraliser la puissance immense des évêques, le moyen de mettre le clergé inférieur à l'abri
des atteintes des chefs inexorables, dans ce qui est
de l'état, de la fonction, afin de lui assurer une exis-
tence et de le protéger dans le cas où il adopterait
les idées démocratiques, contre les passions politiques du haut clergé..... Pour arriver à cette fin, il
faut prendre la mesure suivante:

Aux termes du Concordat, Napoléon, l'Etat, s'é-
tait réservé le droit de créer des cures et des curés
inamovibles à sa volonté et à son choix; il s'agirait
donc, par une loi, de décréter que toutes les paroisses de France sont désormais des cures, et que tous
les desservants sont désormais des curés inamovibles. De la sorte, les fautes de Bonaparte sont répa-
rées, et l'immense autorité des évêques atténuée,

Cette mesure, comme on le voit, est puissante et
pleine d'avenir... elle peut être prise sans consulter
le pape ni les évêques, elle est de droit au Concordat... La masse du clergé ne se doute pas que ce
moyen d'émancipation existe et qu'il soit praticable
aussitôt qu'un gouvernement fort, équitable et juste,

sera proclamé, comme la vraie République... Il peut
donc espérer !...

Voilà ce que j'avais à dire du clergé.

Maintenant, Citoyens, je crois avoir porté mon
investigation partout; dans tout ce qui est important
du moins, car les détails viennent toujours. — Je-
tons donc un coup d'œil rapide sur cette puissante
et forte organisation de la vraie République, sur l'ensemble des faits, sur la possibilité des réformes sociales avec la souveraineté absolue et directe du
Peuple; puis, nous tirerons les conséquences logiques
qui doivent en découler, et prouver jusqu'à la der-
nière évidence la supériorité du gouvernement de
tous, sur l'absolutisme de quelques-uns.

Et, en effet, un Etat avec un pouvoir, avec un
chef, quel qu'il soit, est incessamment agité de toutes
les passions des hommes. Il n'en est pas un seul sur
la terre où une révolution ne soit toujours imminen-
te... A quoi cela tient-il?... hélas !... chacun le sait...
Un chef, quel qu'il soit, roi, empereur, consul ou
président, n'importe; car il existe en vertu d'un

droit personnel ou d'un traité ; or, chacun de ces chefs ayant des intérêts diamétralement opposés à ceux du Peuple, il s'en suit qu'il cherche toujours et par tous les moyens possibles, par la ruse, la corruption, l'injustice, la force même, à étendre, à agrandir son autorité, sa puissance et même le principe en vertu duquel il existe... puis, autour de ce pouvoir sont tous les hommes corrompus, les âmes viles et basses qui se font volontiers les instruments de la tyrannie et des passions du monarque, afin d'en tirer profit. — Dans ce genre, nous avons vu sous les deux derniers règnes des hommes descendre au dernier degré de la dégradation morale, et, cependant, ces hommes qui se produisent sans cesse sont encore aujourd'hui au pouvoir, sous la République, entourés d'honneurs, investis de hautes fonctions, possédant des fortunes immenses acquises au moyen du télégraphe, de la bourse, des pots de vin, des grandes concessions des travaux publics.

Et, cependant, ces hommes ont la prétention de s'appeler des hommes d'ordre, des conservateurs... lorsque, chaque jour, avec une audace inouïe, ils

tuent tous les droits, toutes les libertés et poussent
le Peuple à une révolution.

Voilà où mènent les monarchies !...

Maintenant, en opposition à cette dégradation, il
est d'autres hommes au cœur noble et généreux qui
se dévouent au bonheur de leurs semblables, qui
consacrent leur vie toute entière à la recherche des
moyens d'améliorer le sort de leurs frères qui souf-
frent,— des prolétaires que l'impôt, les capitalistes
et les usuriers exploitent à leur profit comme des bê-
tes de somme,— et cela à l'imitation des hommes
du pouvoir, car la corruption, l'injustice, se commu-
niquent et gagnent de proche en proche.

Ces hommes de cœur, on le comprend, sont éter-
nellement en lutte avec le pouvoir, — en lutte avec
les hommes qui le soutiennent et qui profitent de
tous les abus.— Aussi, le pouvoir, qui dispose de
puissants moyens d'action, les écrase, tue toutes les
libertés, les jette dans les prisons, dans les cachots,
les ruine, et fait peser sur eux un joug de fer... Mais,
aussi, après un certain temps, lorsque le mal est au

comble, lorsqu'ainsi opprimé, il ne peut plus supporter le poids de ses souffrances et du malheur, le Peuple se lève !!! il se lève alors de toute sa hauteur !!... Il descend dans la rue pour châtier ses tyrans;— il brise le trône, chasse du pied l'oppresseur et reste maître de ses destinées ! Il peut tout, alors !... Il est à son tour souverain Roi !!... Mais, ô fatalité !... il ne règne qu'un jour !... car, avec l'insouciance et l'ignorance d'un enfant, il se donne un nouveau maître, un nouveau tyran. C'est, du moins, ce qui est arrivé jusqu'à ce jour, et qui, j'ose le prédire, n'arrivera plus !!... oh! non, cela n'arrivera plus !!!...

Courage donc, Citoyens, courage!.. que chacun se prépare à remplir dignement son devoir, que chacun s'en pénètre bien, afin qu'au jour où la Constitution sera légalement révisée, tout républicain demande avec ensemble, et vote surtout pour la suppression de la présidence et de tout pouvoir oppresseur! Que chacun demande la souveraineté réelle et directe du Peuple et l'établissement de la vraie République!.. Alors, alors seulement, le Peuple ayant reconquis ses droits sera véritablement heureux.

Pour bien vous convaincre de cette vérité, Citoyens, après ce que j'ai dit, comparez la monarchie à la République. Voyez la différence qu'il y a d'une royauté au règne vrai de la Démocratie... Sous une République sociale, il n'y a plus de pouvoir, d'autorité, plus de roi, plus d'empereur, plus de président, rien... la volonté seule du Peuple à la place de celle d'un souverain.

Et alors, le pouvoir n'existant plus, il n'opprime pas le Peuple, il ne le jette plus dans des cachots, il ne le déporte plus sans jugement ; et, pour se soustraire à cette oppression, il ne faut plus avoir recours à une révolution, toujours funeste au Peuple ; — elles seront désormais inutiles et impossibles, n'ayant plus personne à renverser. Le pouvoir aussi ne dévorera pas une énorme liste civile et n'occasionnera plus des dépenses considérables. Il n'aura plus autour de lui, de près ou de loin, une multitude d'hommes corrompus qui dévorent le budget et qui s'enrichissent aux dépends de l'Etat, par toute sorte de moyens immoraux. Les ministres n'auront plus des traitements énormes ; ils seront véritablement responsables et toujours révocables ; et, comme ils n'auront pas des fonctions et des sinécures à donner à la masse des solliciteurs qui, aujourd'hui, encombrent les antichambres, ils s'occuperont plus utilement des affaires publiques... il n'y aura plus de prétendants non plus; dès lors, il n'y aura plus des guerres civiles fomentées par ces ambitieux!... Il n'y aura plus des partis, qui, comme aujourd'hui, se font la guerre et déchirent la France; des partis qui, par leur esprit remuant, dominateur, oppresseur, mettent la nation dans un état déplorable de misère, de malaise, de surexcitation tellement grande, qu'on peut craindre à chaque instant d'en venir aux mains. Ce sera un grand bonheur pour la nation que l'anéantissement de ces partis dangereux et provocateurs, qui, chaque jour, demandent la violation de la Constitution!

Voilà, Citoyens, la différence qu'il y a de la Souveraineté absolue du Peuple à une royauté quelconque... Tous les malheurs d'un coté, — toutes les prospérités de l'autre... Que chacun fasse donc tous ses efforts pour arriver promptement à cet heureux résultat...

Cela obtenu, lorsque le Peuple sera véritablement

souverain, — alors toutes les réformes sociales seront possibles... Toutes celles, du moins, qui seront
jugées praticables par la nation... Et, au contraire,
les idées extraordinaires de certains hommes qui font
beaucoup de mal à notre parti, qui font beaucoup
d'ennemis au socialisme , seront repoussées par le
bon sens général qui ne se trompe jamais; car, il est
la raison humaine comme je l'ai dit... et je veux ici,
avant de finir, dire ce que c'est que le socialisme et
comment je le comprends.

Le socialisme, c'est le principe qui règle les devoirs
des citoyens les uns envers les autres , et de tous envers tous!... C'est l'égalité absolue, mise en action par
les lois, et décrétée comme un droit inviolable. Le
socialisme est encore la religion la plus pure et la plus
sublime de l'humanité ! ! ! C'est la doctrine du Christ
oubliée de ses ministres, rajeunie et prêchée par de
nouveaux martyrs ! ! Le socialisme, c'est l'égalité
fraternelle qui élève le cœur et moralise l'âme ! ! Aussi,
le socialisme que l'on calomnie, parce qu'il est incom-
pris encore, même de beaucoup de socialistes... le
socialisme est destiné à transformer l'humanité tout
entière; il s'établira partout avec la République dé-

mocratique dont il est la conséquence rigoureuse... et cela, malgré les intérêts puissants qui le combattent sans l'arrêter dans sa marche rapide... malgré tous les obstacles que les prêtres et les rois peuvent lui opposer !... Le socialisme, enfin, c'est l'élévation de l'homme à toute sa dignité !... et cela par l'affranchissement de la servitude dans laquelle il est aujourd'hui plongé !... C'est la fin de toutes les guerres intestines et étrangères ! ! c'est la fraternité universelle ! ! c'est la fin de l'oppression et de l'exploitation de l'homme par l'homme ! ! !

Voilà ce que c'est que le socialisme ! ! Le calomnie qui voudra ! ! Voilà comment je le comprends.

Et maintenant que la souveraineté absolue et directe étant bien établie, bien démontrée, j'appelle l'attention de tous les Représentants démocrates de l'Assemblee Nationale... de tous les journaux démocrates... de toute la Démocratie de France ! J'ose espérer qu'ils penseront, comme moi, qu'il est excessivement important de répandre ces idées en face des évènements qui se préparent et de la guerre acharnée des royalistes de toute nuance !... des royalistes qui viennent d'insulter en face la République et lui jeter l'injure et la calomnie.

Maintenant, avant de terminer, il faut que je complète mon organisation sociale... il faut bien que je parle des finances. C'est une chose très capitale pour un Etat que d'avoir un bon système financier... J'ai longtemps étudié cette grave question, et j'ai trouvé qu'en Europe comme en Amérique pas un seul Etat n'a un système financier homogène, simple et facilement applicable. Tous ont un très grand nombre de lois des finances, sans lien, sans accord, demandant un personnel très nombreux qui dévore la plus grande partie de l'impôt... — Frappé de cette grande anomalie, — j'avais cherché les moyens de réformer cela chez nous; — je l'avais trouvé... J'ai proposé, il y a quelque mois, à l'Assemblée Nationale un impôt unique et proportionnel sur le revenu; — toute la fortune publique devait contribuer aux charges de l'Etat. Il est parfaitement applicable aujourd'hui, et très productif, puisque j'ai démontré, chiffres à l'appui, que cela donnerait au moins trois milliards.

Mais, avec la nouvelle organisation sociale que je

viens d'expliquer, cela ne suffirait plus... Il faut un système plus radical, plus complet, plus parfait;  il faut un système financier à la nouvelle  République, qui tue l'usure, la banqueroute, les vols du  capital ; il faut un système qui mette du capital à bon marché dans les mains des travailleurs, de l'agriculture,  du commerce et toutes les grandes entreprises....

Je crois avoir  résolu  ce problème ; j'y ai long-temps réfléchi, et j'ai tourné dans  tous les sens tous les systèmes financiers de nos voisins et le  nôtre. Il résulte de cela, pour moi, qu'il faut entrer, franche-ment entrer dans les grandes réformes  radicales.

Voici celle que je propose :

Il ne faut  plus  aucune  espèce  d'impôts; il faut créer  un  moyen de remplacer cela. — Ce  moyen, c'est la création d'un  trésor public,  basé sur la con-fiance publique et décreté par le  suffrage universel. Ce ne sera pas une banque; il ne  sera créé aucune espèce de papier, comme assignats, billets de banque, bons du trésor ou autres. Il faut éviter le danger de ces moyens d'échange; il faut éviter la fraude et le vol. Chacun sait qu'il est possible de faire l'échange et l'escompte sans numéraire, au moyen d'un signe représentatif. D'après mon système, cela va être réalisé concurremment avec le capital monnayé; car, avant un an, le trésor que je veux créer possèdera probablement la presque totalité du numéraire. Or, voici comment, sans un sou dans ses caisses, ces trésors possèderont cependant, dès le premier jour, par un nouveau moyen d'échange, la fortune publique toute entière, et comme cette fortune pourra être mise à la disposition du travail, de l'industrie de l'agriculture et du commerce.

Voici surtout comment ces trésors seront constitués : Il y en aura un par canton, il sera dirigé par un directeur élu par le suffrage universel, ainsi que tous les autres fonctionnaires.

Ces trésors seront ouverts à tous ceux qui se présenteront avec des garanties... Et voici comment il leur sera donné un signe représentatif du capital... Prenons donc pour mettre le trésor en fonction le cas le plus simple :... un ouvrier se présente; il demande une somme de deux mille francs pour exercer son

état et produire du travail. —Les fonctionnaires em-
ployés au trésor, après s'être assurés qu'ils le pouvaient, sans danger de perte, en recevant une garantie matérielle ou une garantie morale, la signature
d'un ou de plusieurs hommes établis, par exemple,—
ils s'empressent d'ouvrir un grand-livre à souches,
très bien imprimé, et, sur la partie qui doit être détachée, ils font souscrire à l'emprunteur une obligation
de deux mille francs remboursable dans cinq ans; —
je dirai tout-à-l'heure pourquoi je fixe un remboursement;— puis, ils en font faire autant sur le talon, qui
sera à la fois enregistrement et hypothèque ; — puis
enfin, l'obligation signée et détachée du registre est
remise à l'emprunteur... Cette obligation alors est
mise par lui en circulation, elle a la valeur d'un écu,
d'une pièce d'or ; et, remarquez-le bien, cette obligation a une valeur réelle, elle a une garantie pri-
vée et une garantie publique. Cela vaut mieux que
l'or. Remarquez aussi que chacun de ces effets, qui
porte une ou plusieurs signatures différentes, ne peut
être contrefait, ni à l'étranger, ni à l'intérieur, comme les autres papiers qui, jusqu'à ce jour, ont servi
à l'échange : comme billets de banque, lettres de
changes, tandis que ces coupons ont une valeur

réelle ; ils portent enregistrement et hypothèque... cela vaut mieux que de l'or, comme je l'ai dit. C'est ce qui fait la supériorité du trésor sur toutes les banques possibles.

Maintenant, celui qui souscrit une obligation s'engage à payer annuellement au trésor une rente de trois pour cent ;— comme le trésor s'engage à payer aussi un intérêt de trois pour cent à tous ceux qui déposeront leurs capitaux au trésor.

Ces effets, qui seront de vingt-cinq francs au moins et de cinq mille francs au plus, à leur échéance seront présentés, où qu'ils se trouvent, au trésor du lieu qui les acquittera, soit en argent, soit en un nouvel effet qui sera de la même valeur ou d'une valeur moindre, mais dont la différence aura été comblée par du numéraire. Puis, cet effet, qui est expiré, est renveyé au trésor où il a été souscrit. Si le souscripteur a payé, il est anéanti ; s'il n'a pas été payé et qu'il ne puisse pas le payer, si, toutefois, sa position n'est pas pire que lors du premier prêt, le crédit pourra lui être renouvelé ; dans le cas contraire, si, par sa faute, il s'était mis dans le cas de ne pouvoir pas payer, il sera poursuivi conformément aux lois, comme cela se pratique aujourd'hui... Je dois ajouter, et vous l'avez déjà compris, en supposant que cet homme ne payât pas du tout, personne ne perdrait rien pour cela, pas même le trésor. Ceci demande une explication.— Personne n'a réellement perdu, seulement le trésor qui a des revenus énormes en réserve, met un effet de la même valeur en circulation. Cela sera fait ainsi en prévision de ce qui ne peut manquer d'arriver un défaut de paiement. Il en sera alors de même qu'aujourd'hui. Voyez dans l'état financier actuel le grand nombre de faillites qui affligent chaque année le commerce! Ces faillites portent la désolation et la ruine dans certaines familles..... Eh bien! mon système établi, cette plaie disparaîtra ; si un débiteur ne paie pas au trésor son emprunt, ce qui arrivera plus rarement que les faillites aujourd'hui, personne ne versera des pleurs, la perte sera supportée par tous. Ce déficit sera pris sur les profits énormes du trésor.

Chacun doit donc comprendre maintenant quel mouvement immense de valeurs il y aura au trésor. Tout l'or qui se porte à la banque et chez les agents de change se porterait là ; tous les effets de commerce s'escompteraient là ; tout l'or des grandes et des petites entreprises se prendrait là.

On doit comprendre aussi que, le trésor prêtant des sommes énormes, infiniment supérieures à celles qu'il recevra à l'intérêt, il s'ensuivra que le trésor fera de très grands bénéfices; je n'ose pas vous dire à quel chiffre je suppose qu'ils pourront s'élever. Car, la somme énorme des bénéfices de l'usure qui se gaspille aujourd'hui, sans fruit pour la nation, par quelques milliers d'hommes qui font des fortunes scandaleuses et qui affichent un luxe honteux... ces bénéfices seront concentrés dans les mains du trésor public.

Voici sur quoi je me fonde.—Le capital numéraire, or ou argent, étant d'à-peu-près cinq milliards, c'est ce capital qui sera porté au trésor et servira à remplir la différence des effets. Les hypothèques foncières s'élevant de dix milliards, y viendront aussi dès les premiers jours pour se délivrer de l'usure, le trésor prêtant à trois pour cent. Cela donnera un intérêt énorme... Je porte de plus le mouvement des effets mis en circulation par l'agriculture, le commerce, l'industrie, les arts et les entreprises de toute sorte qui paieront aussi un intérêt de trois pour cent au trésor, à plus de cinquante milliards... Or donc, cette différence donnerait aussi un profit énorme au trésor. C'est celui qui, aujourd'hui, est gaspillé, dévoré en France par la banque, les compagnies, les grands capitalistes, les banquiers, les agents de change et les usuriers de toute sorte!.. Voilà où la France pourrait puiser pour faire toutes les grandes réformes sociales... pour créer de grandes choses; pour être la plus grande, la plus puissante, la plus forte, la plus noble des nations!

En supprimant tous ces impôts, voilà cependant où elle pourrait puiser à pleines mains pour améliorer le sort du Peuple, pour secourir l'enfance pauvre et délaissée, pour créer l'instruction primaire gratuite et obligatoire, pour supprimer même l'humiliant hospice, en donnant une retraite au vieillard et à l'invalide, pour faire enfin toutes les grandes réformes sociales!

Maintenant, j'espère aussi que chacun doit être

convaincu qu'au moyen de la création de mon trésor,
j'ai radicalement détruit la hideuse banqueroute,
qui, chaque année, porte le deuil et la désolation
dans un grand nombre de familles... J'ai fait plus encore... j'ai radicalement détruit le scandale de l'usure qui désormais est impossible... Organisé de la
sorte, le capital ne pourra jamais rapporter à son
propriétaire au-delà du taux légal, car exploiter
l'homme par le capital est un abus scandaleux de la
légitimité de l'intérêt! Le capital ne doit jamais rap-.
porter trois pour cent à son propriétaire, comme je
l'ai dit, au-delà du taux légal, et il ne doit jamais,
non plus, entrer dans la participation d'aucun bénéfice. — S'il voulait exiger davantage, on s'adresse-
rait au trésor... D'ailleurs, si le capital veut produire
lui-même, il faut bien qu'il vienne, aussi, aboutir au
trésor, qui lui donnera un intérêt de trois pour cent.
C'est ce qui me faisait dire qu'avant un an la presque
totalité du numéraire serait dans les caves des trésors divers.

Voici les réformes que je voudrais apporter au
système monétaire actuel..... L'or et l'argent mon-
nayés sont un signe représentatif de la propriété,

ainsi que je l'ai démontré. Je voudrais donc que ce signe ne pût jamais être dénaturé; qu'il ne pût jamais devenir marchandise, propriété... Pour cela, il suffirait de diminuer sa valeur réelle, sans toutefois que cette différence fût trop grande. — De la sorte, ce signe ne pourrait jamais changer de destination; il ne pourrait pas non plus être transporté à l'étranger; or, dans certains moments de crise, c'est là un grand danger national. L'Espagne n'a perdu tout son or, de Ferdinand et de Philippe II, que par rapport à la valeur supérieure de ses louis sur ceux de toutes les nations voisines. Chacun allait y puiser; — pour faire un profit, les juifs du monde entier allaient chercher cet or, et le rognait. Ainsi donc, évitons, autant que possible, que notre or ne sorte de chez nous.

La refonte des louis et des écus pourrait se faire partiellement, au fur et à mesure de leur rentrée dans les caisses de l'Etat. L'excédant de valeur couvrirait la dépense et au-delà.

La quantité de numéraire de cuivre existant aujourd'hui ne suffirait pas non plus au mouvement du

trésor, les effets ou bons étant de vingt-cinq francs,
au plus bas de l'échelle. — Et, d'ailleurs, la monnaie
d'or et d'argent pouvant entrer au trésor et n'en dé-
vant presque plus sortir, que comme complément,
j'ai songé à créer un nouveau système monétaire de
cuivre qui n'entrerait jamais au trésor. La quantité
pourrait être portée au double de celle qui existe aujourd'hui et peut-être au triple.

Voici quelle serait la valeur de chaque pièce. —
Je conserverais les centimes, base du système déci-
mal; — il y aurait des cinq centimes de la grandeur
et du poids de ceux de la République ; les centimes
et cinq centimes seraient en cuivre rouge (rozette);
il y aurait aussi des pièces de dix centimes, mais du
même poids que les cinq centimes. Et, pour qu'ils ne
puissent pas être confondus, car la gravure peut
s'effacer, j'avais songé à les distinguer par la forme
en les faisant carrés, par exemple ; mais cette forme
pouvant être incommode, j'ai préféré les distinguer
par la couleur. Ainsi donc, les dix centimes, du même
poids que les cinq centimes, seraient blancs au moyen
d'un alliage. — De la sorte, ils pourraient parfaitement se distinguer. — Je créerais aussi des pièces

de vingt-cinq centimes; — elles seraient du poids des pièces de dix centimes actuelles, des décimes de la République, — blanches aussi et parfaitement frappées. Vous voyez le profit énorme que cela donnerait à l'Etat; sur les vingt-cinq centimes, il gagnerait trois cinquièmes. Vous voyez aussi combien cette monnaie serait commode, quatre pièces feraient un franc et ne tiendraient pas une grande place ; elle ne pourrait pas être contrefaite non plus à l'étranger par la raison que le bénéfice ne serait pas assez considérable, et que le volume, le poids et le transport seraient de trop grands obstacles.

Voilà comment je pense qu'il serait utile et profitable d'établir le système monétaire.

Maintenant, il me reste encore à donner quelques explications sur mon trésor public.... Je tiens à ce qu'il soit bien compris ; car son action est fort simple.... Par exemple, je n'ai peut-être pas assez démontré la facilité de l'échange... J'ai dit que la monnaie de cuivre serait portée au double de ce qu'elle est aujourd'hui, et peut-être à plus... Voici dans quel but :... Cette monnaie n'entrant pas au trésor, c'est l'or et l'argent qui viendront y affluer. Il fallait donc un autre auxiliaire à l'échange ; eh bien ! il sera très facile au moyen des coupons, ayant pour complément les vingt-cinq centimes qui seront très peu volumineux. On voit aussi que, par ce moyen, les effets qui seront mis en circulation seront infiniment moins considérables. Puis, l'or entrera aussi dans la circulation, mais d'une manière plus restreinte... On comprend donc aussi qu'il arrivera que le trésor, ayant beaucoup de numéraire, pourra, dans certains cas, ne pas délivrer un coupon à l'emprunteur et lui donner de l'or ou de l'argent ; voici, alors, ce qui se passera : L'emprunteur souscrira, comme toujours, une obligation sur le registre, mais cette obligation ne sera pas détachée de la souche et y rentrera..... A la place d'un coupon, on lui donnera du numéraire qui sera mis en circulation.

Il faut bien aussi que je dise pourquoi j'ai fixé à cinq ans l'époque du remboursement..... C'est un moyen de contrôle que j'ai voulu donner aux trésors... la fortune publique toute entière étant dans leurs mains, ils pourront, par cette vérification, connaître

tous les cinq ans l'état de la fortune publique...
C'est, je crois, une bonne chose. Cependant, cette
fixation de paiement à cinq ans n'aura pas lieu pour
ceux qui voudront éteindre le capital par un amortissement... Cet amortissement sera calculé sur vingt
ans de terme... La loi, d'ailleurs, qui décrètera les
trésors publics par le suffrage universel, s'occupera
des détails et fera tout ce qui peut être bon dans
l'intérêt du Peuple... Ce sera une loi sociale... loi sociale qui, je l'espère, n'épouvantera plus personne,
après ce que j'ai dit du socialisme. Et, comme les
royalistes nous calomnient et qu'ils veulent nous
donner un roi, malgré nous, voyons un peu ce que
c'est qu'un roi, ce que c'est que le principe Chambord... — Joli principe ma foi !...

Eh bien ! on peut leur dire aussi à eux quelques
bonnes vérités... à propos surtout du principe Chambord ! Un homme qui descend d'une kirielle de rois,
plus cruels, plus tyrans, plus oppresseurs, plus as-
sassins, plus libertins, plus débauchés les uns que les
autres !.. Je vais le démontrer.

M. de Chambord est un principe !! soit !... mais

un principe remonte à quelque chose, et prend sa source quelque part... à quoi remonte donc Monsieur de Chambord? il remonte à un certain Capet, sorte de chenapan qui pillait ses sujets et ses voisins, sans trève ni repos; qui persécutait même les descendants de Charlemagne, sans droit, comme un usurpateur éhonté... usurpation contestée par le Peuple, comme cela s'est toujours manifesté sous tous les rois, jusqu'au dernier, Louis-Philippe!.. Aussi, le Peuple, las d'oppression, empoigna ce garnement-là et l'enferma dans la tour d'Orléans où il mourut...

Voilà le principe de Monsieur de Chambord! — Il y a, ma foi! de quoi s'en vanter!!! Mettez à côté de cela le principe de la souveraineté du Peuple, qui remonte à la création, à une grande loi naturelle comme toutes les grandes lois qui régissent l'univers...

Et puis cette légitimité à qui s'est-elle transmise pour arriver à M. de Chambord?... Voyons!

Après d'autres, à Monsieur Louis XI..... monstre

humain doǹt le palais, crénelé, était entouré de cada-
vres pourris, pendus aux murs et à tous les arbres
du parc. — Le nombre en était si grand qu'on en-
tassait les os blanchis. — Mais cela n'est rien encore!.. et Nemours... l'infortuné Nemours! mis sur
un échafaud et décapité en sa présence! Ses enfants
vêtus de blanc, sous l'échafaud, afin que le sang de
leur père leur tombe sur la tête, leur brûle l'âme de
douleur, de terreur et d'effroi!!.. Il est encore glo-
rieux de descendre d'un pareil monstre!! C'est une
jolie légitimité...

Mais en passant quatre ou cinq garnements, com-
me François I<sup>er</sup>, par exemple, on arrive à un autre
tueur plus infâme encore... On n'écrit qu'avec répu-
gnance son nom... Charles IX!!! Charles IX qui s'est
noyé dans le sang... — La St-Barthélemy!! A Paris,
seulement, plus de cent mille femmes, enfants, vieil-
lards assassinés, et cela sur le signal que donne cet
infâme!.. et, lui-même, un tromblon à la main, der-
rière une croisée, il tire avec acharnement sur son
Peuple qui fuit...

Et, après cela, il existe encore des rois!!!

Et on veut détruire la République pour nous en donner un !!!

Le Peuple y mettra bon ordre !..

Et cependant, c'est encore un aïeul de Monsieur de Chambord !

De Charles IX à Henri III, il n'y a qu'un pas, et il suffit de le nommer pour avoir dit et fait voir cette glorieuse lignée. — Il était digne d'être le frère de Charles IX et le fils de Catherine...

Je passe Henri IV, joueur et libertin, qui fit beaucoup pendre et persécuta les protestants avant et après l'édit de Nantes.

J'arrive à Monsieur Louis XIV avec ses maîtresses, ses jésuites, ses ruineuses prodigalités, ses pendaisons des chasseurs et son insolence. Il a eu l'audace de se présenter au Parlement, qui représente le Peuple, botté, éperonné, un fouet à la main et la menace

dans le geste, et dans le regard... Il a eu l'audace de
se mettre au-dessus de la nation, et de dire, à de
justes remontrances, faites au nom de l'Etat!!

L'Etat! c'est moi!!!.. — insolent!!

Et il est des hommes qui veulent des rois!!

Et on veut nous en donner un, malgré nous!!

Nous verrons!!

Après Louis XIV, Louis XV!... Louis XV, grand-
père de M. de Chambord, dont il descend directement!... Encore un principe!...

Louis XV, l'impudique le plus éhonté que la terre
ait jamais produit... — sans honte, sans vergogne,
bravant effrontément l'opinion publique, — tenant
sa cour entre la Pompadour et la Dubarry. — La
Dubarry assise, à la cour, entre les princes et les
princesses du sang, et les courtisans, cœurs nobles
et élevés, portant de grands noms, à genoux, et sa-
luant, fort bas, la sultanne favorite!!...

Quel honneur pour une nation que d'avoir des rois comme celui-là !!..

C'est là, cependant, le beau côté de Monsieur Louis XV... Et le Parc aux Cerfs !.. pas un père de famille, pas un mari, pas un frère, pas un tuteur, qui avait à conserver l'honneur d'une femme jeune et jolie... qui fût sûr de coucher la nuit chez lui... obstacle ! on s'en débarrassait, une lettre de cachet... et on était jeté à la Bastille !... Et les pauvres femmes désolées, mourantes, étaient jetées, par un valet affidé, infâme comme son maître, dans ses bras, — dans un repaire de tous les vices.

Voilà de quel principe Monsieur de Chambord descend directement !! et il veut être un principe ! et les hommes qui l'entourent et qui ont un grand intérêt à le tromper font près de lui le rôle des courtisans de tous les temps.

Eh bien ! moi, qui ne suis pas royaliste... moi, persécuté depuis vingt ans par eux... je veux lui donner un bon conseil !... On a dit à la tribune, en face de la République et de la Constitution, on a dit qu'à

la belle tête du prince il manquait un ornement...
une couronne! Eh bien! c'est un funeste présent que
ses serviteurs veulent lui faire... En présence de la
République universelle qui s'approche à grands pas,
une couronne! c'est une couronne d'épines! qu'il y
songe!! C'est mon conseil.

Et maintenant, avant de poser la plume, un dernier mot... Les royalistes nous insultent, nous calomnient, nous méprisent; nous sommes pour eux la
vile multitude... et on nous vole toutes nos libertés
pour cela! Eh bien! nous, nous qui avons trois fois
renversé le pouvoir, trois fois nous ne leur avons
fait aucun mal, et ils en abusent... Il serait temps
cependant que cela eût une fin!!! C'est ce que je
demande!!

**HENRI NABOS,**

Décoré de Juillet, Membre du Conseil Général du Gers.